Deine ersten Faltschnitte

Liebe Kinder!

Mit Papier und Schere lassen sich ganz einfach kleine, hübsche Dinge schnippeln. Das macht großen Spaß und so ganz nebenbei entstehen schöne Geschenke. In diesem Buch findet ihr einfache und auch etwas schwierigere Vorlagen zum Nachschneiden. Ich zeige, wie sich mit nur wenigen Schnitten tolle Geschenkanhänger, Deckchen, Tischgirlanden, Fensterbilder, Tischlichter und sogar kleine Weihnachtsmänner basteln lassen. Ihr erfahrt, wie ihr witzige Fratzen schneidet und mit Faltschnitten zaubern könnt. Und ich bringe euch bei, Katze und Maus zu schnippeln, mit denen sich lustig spielen lässt. Ihr werdet erstaunt sein, was sich mit Papier und Schere so alles machen lässt.

Schnipp-schnapp, und los geht's!

Viel Spaß wünscht euch

Euer Hajo Blank

Bevor du beginnst

Welches Papier ist geeignet?

Dein Bastelpapier sollte ausreichend fest sein, damit es beim Schneiden nicht zerreißt. Zu dick darf es jedoch auch nicht sein, sonst lässt es sich nicht gut schneiden.
Für den einfachen Faltschnitt verwendest du am besten Bunt-, Ton-, Regenbogen- oder Origamipapier.
Für Faltschnitte, bei denen mehr als zwei Papierlagen gleichzeitig geschnitten werden, sind sehr dünne Papiere wie Buntpapier oder Farbverlaufspapiere bis 90g geeignet.

Für Faltschnitte, die aufgeklebt werden sollen, eignet sich gummiertes Glanzpapier. Es ist vor dem Kleben auf der Rückseite zu befeuchten.
Hinter die Tischlichter und die Häuserreihe klebst du dann farbiges Transparentpapier.
Wenn du noch nicht gut mit einer Schere umgehen kannst, nimm Zeitungs- oder Einwickelpapier und übe gerade, gezackte und runde Formen zu schneiden. Nach kurzer Zeit wirst du das kleine Einmaleins des Schneidens gelernt haben und dir gelingen auch schwierige Formen.

Was du sonst noch brauchst:

- einen weichen Bleistift, einen Radiergummi und ein Lineal sowie Transparentpapier zum Übertragen der Vorlagen auf dein Bastelpapier
- eine kleine spitze Schere. (Bewahre die Schere nach dem Basteln so auf, dass kleinere Geschwister sie nicht in ihre Hände bekommen!)
- ein Falzbein erleichtert dir das Falten, ist aber nicht unbedingt nötig. Zum Andrücken der Faltkanten kannst du auch den Fingernagel benutzen
- Klebstoff oder Klebestift, denn bei einigen Basteleien kleben wir Teile zusammen
- eine feste Unterlage (beispielsweise eine große Pappe), damit du nicht in die Tischdecke schneidest

Wie kommt die Mustervorlage auf dein gefaltetes Papier?

Für alle gezeigten Motive gibt es Vorlagen im Buch. Du kannst diese Vorlagen frei abzeichnen oder abpausen. Dazu legst du Transparentpapier auf die Buchvorlage und zeichnest mit einem weichen Bleistift alle Linien nach. Gib Acht, dass sich dabei die Vorlage nicht verschiebt. Wende dann das Transparentpapier und lege es auf dein gefaltetes Bastelpapier. Wenn du jetzt alle Linien noch einmal nachziehst, werden die unteren Bleistiftlinien auf das Bastelpapier übertragen. Du kannst die abgepauste Vorlage auch ausschneiden und als Schablone benutzen.
Lege dazu die Schablone auf dein Bastelteil und zeichne am Rand entlang die Linie nach.

Die Techniken
Der einfache Faltschnitt

Schon mit dem einfachen Faltschnitt kannst du tolle Sachen basteln.

Und so geht's:

1/2 Falte ein rechteckiges Papier ▬ oder ein quadratisches Blatt Papier ■ Kante auf Kante. Die gestrichelten Linien auf den Abbildungen (---) zeigen die Faltkanten. Streiche mit dem Fingernagel oder Falzbein noch einmal darüber.

3 Nun kannst du deine Vorlage aufzeichnen und anschließend ausschneiden. Die übereinander liegenden Papierlagen dürfen dabei nicht verrutschen.

4 Nach dem Schneiden faltest du das Papier wieder auf – fertig ist dein Faltschnitt!

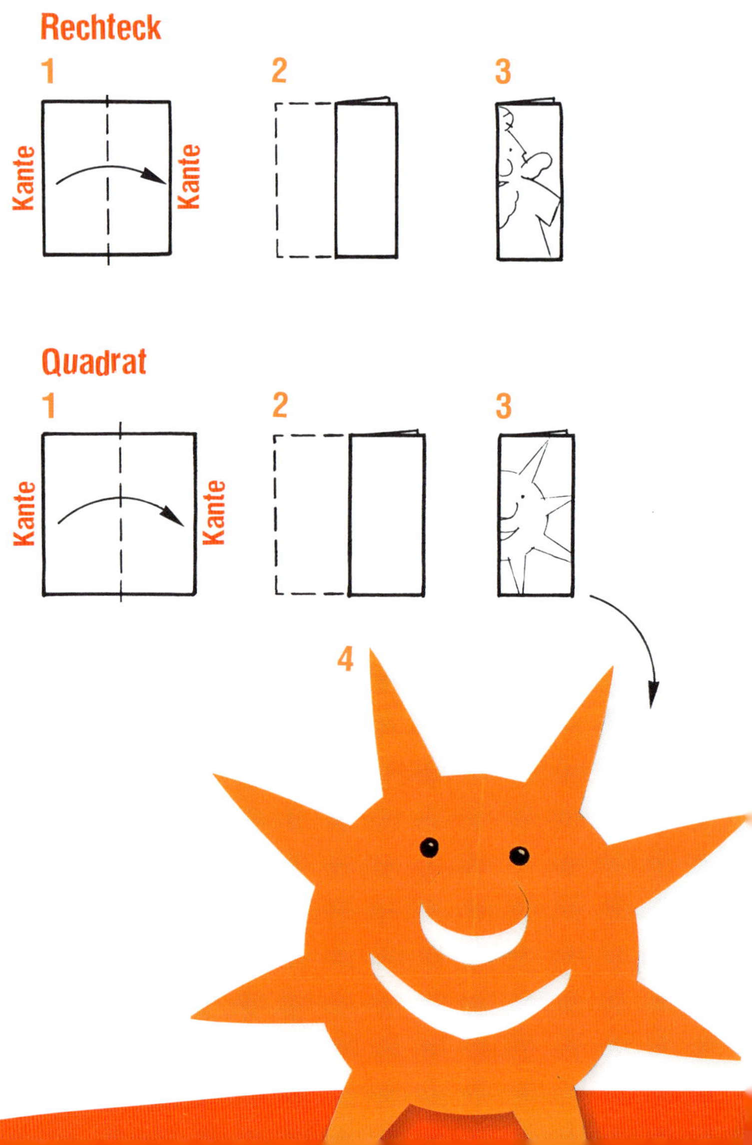

Der Reihenfaltschnitt

1

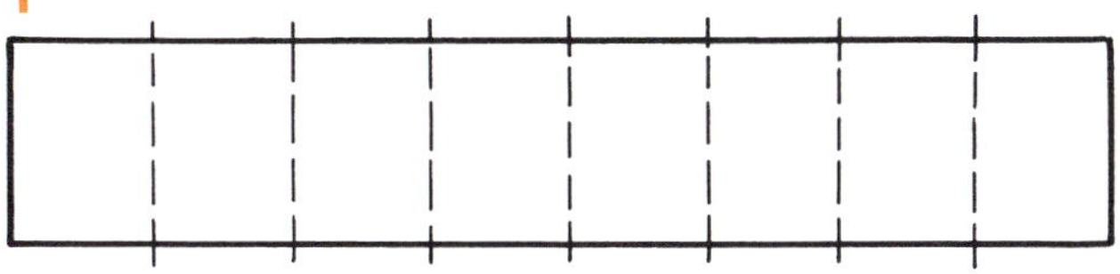

2

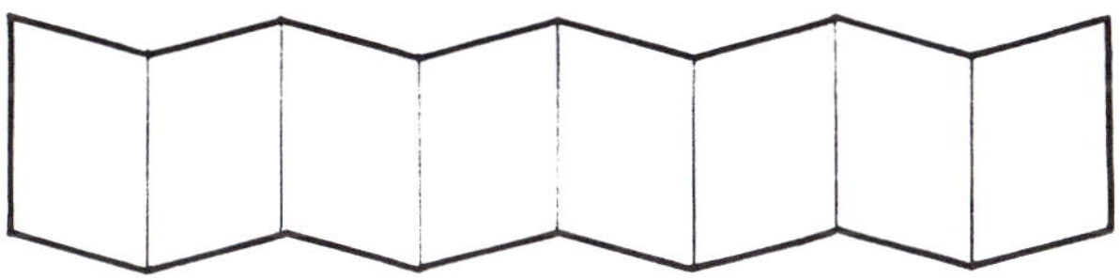

3

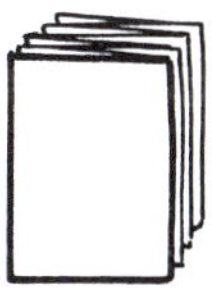

4

5

1/2 Für den Reihenfaltschnitt faltest du einen Papierstreifen wie eine Ziehharmonika abwechselnd nach vorne und nach hinten. Achte darauf, dass der Streifen nicht zu lang und das Papier nicht zu dick ist. Sonst lässt sich der zusammengefaltete Streifen nicht mehr gut schneiden.

3 Drücke den gefalteten Streifen fest zusammen.

4 Nun kannst du deine Vorlage auf das oben liegende Papier zeichnen und ausschneiden.
Wenn du mit dem Schneiden fertig bist, faltest du alles auf.

Der mehrfache Faltschnitt

Der mehrfache Faltschnitt ist kaum schwieriger als der einfache Faltschnitt: Falte dein Blatt wie beim einfachen Faltschnitt, nur nicht einmal, sondern zwei- oder dreimal. Übertrage dann die Vorlage auf dein mehrfach gefaltetes Blatt. Danach schneidest du sie vorsichtig aus. Halte das Faltteil dabei fest zusammen, damit die einzelnen Lagen nicht verrutschen. Beim Auffalten wirst du sehen, dass sich die Motive mehrfach wiederholen – toll!

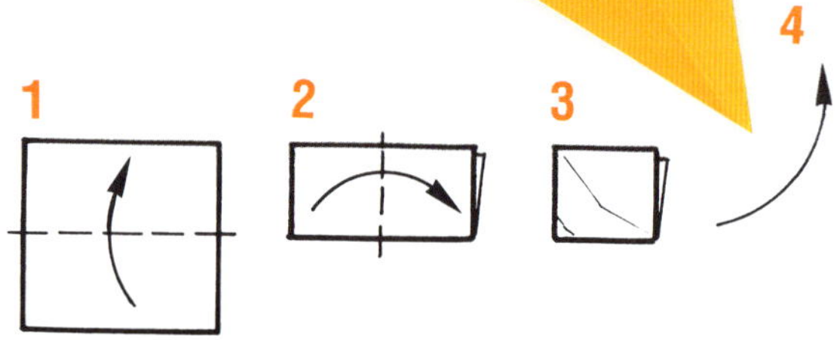

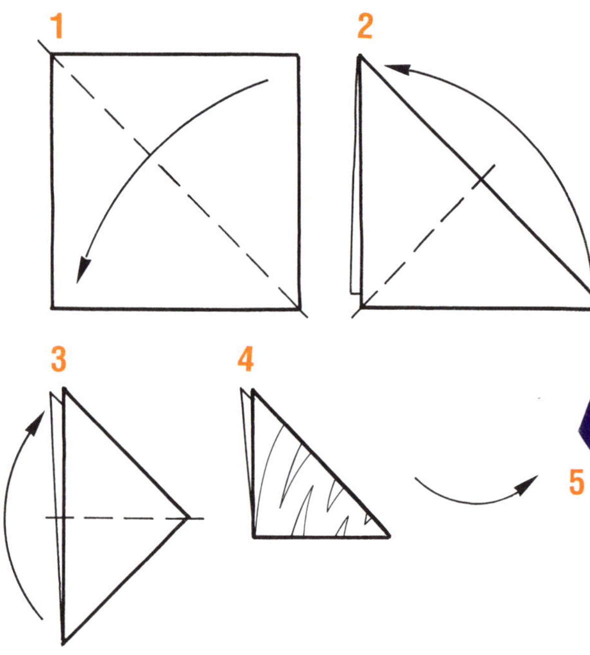

Quadrat ausschneiden

Für viele Faltschnitte benötigst du ein Blatt mit vier gleich langen Seiten, also ein Quadrat. Wenn du keins hast, schneidest du dir eins aus einem Blatt mit ungleichen Seiten (einem Rechteck). Und das geht so:

Für den Käfer brauchst du später ein quadratisches Blatt Papier.

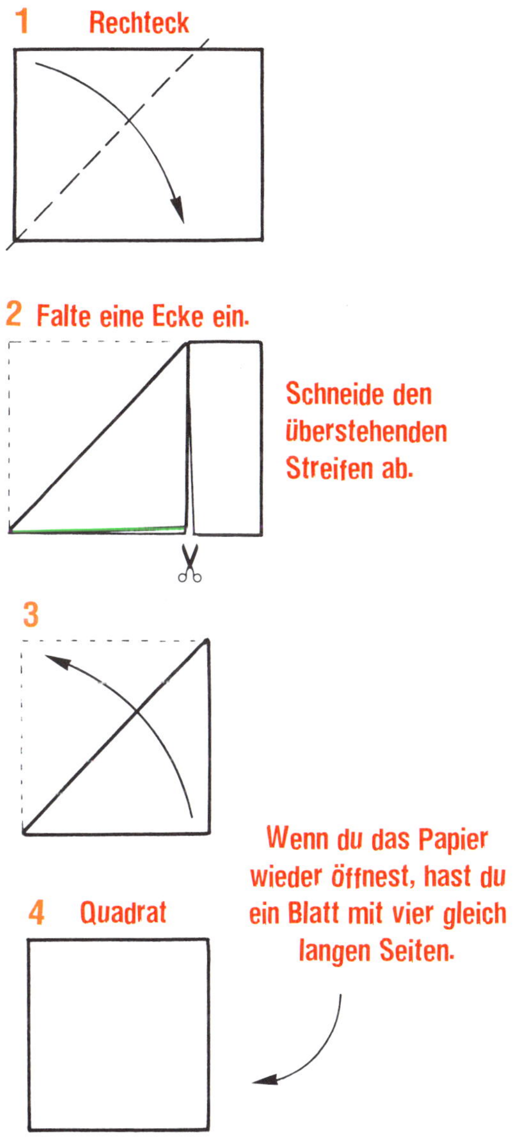

So fängst du an

Sonne, Mond, Stern ...

Für den Anfang sind diese Faltschnitte ganz einfach, geradezu puppenleicht!

Was du benötigst, sind rechteckige und quadratische Faltblätter. Hierfür nimmst du A4-Blätter, die du wie auf den Abbildungen rechts zuschneidest ✂. Oder du richtest dich nach den angegebenen Maßen bei den Faltzeichnungen ★.

Wir beginnen mit Sonne, Mond und Stren: Falte dein vorgeschnittenes Papier wie auf den Faltzeichnungen Kante auf Kante. Übertrage die Vorlagen von Sonne, Mond und Stern auf deine gefalteten Blätter.

Nun kannst du vorsichtig ausschneiden. Falte danach wieder auf – und schon sind deine ersten Faltschnitte fertig!

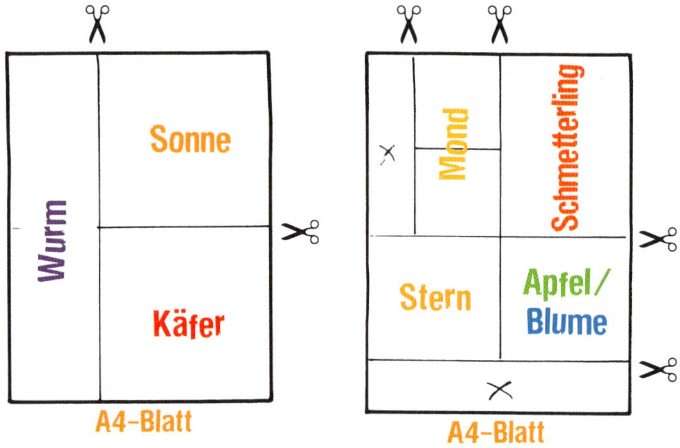

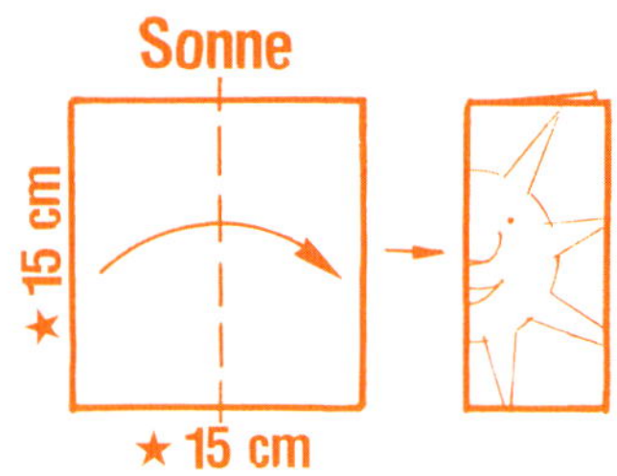

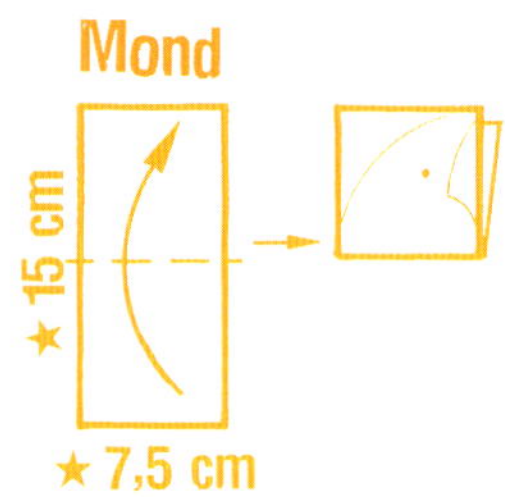

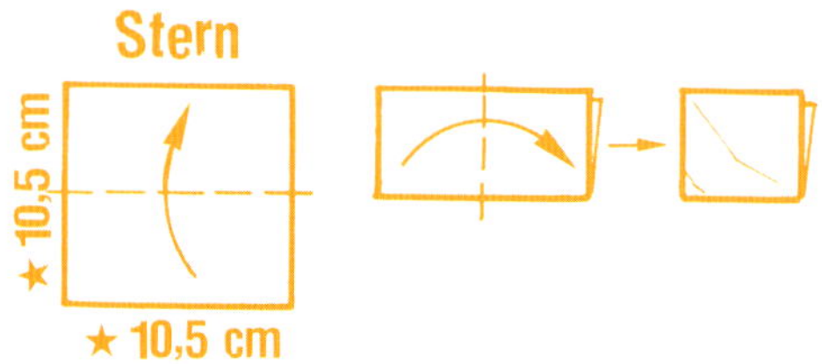

Vorlagen

Sonne

Stern

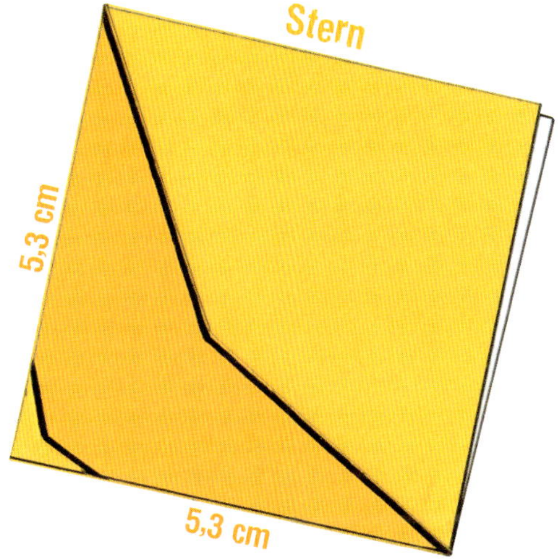

Mond

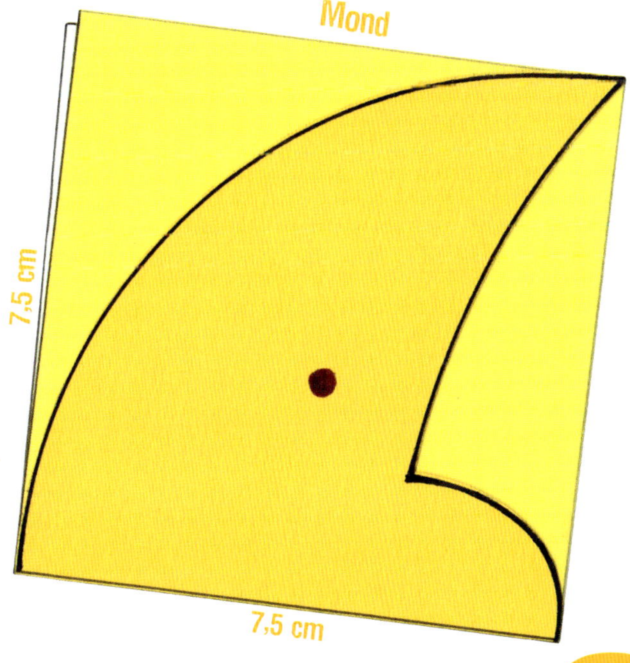

... Herr Käfer und seine Freunde

Und so geht es weiter: Schneide das Papier in den unten angegebenen Maßen zurecht. Falte die Blätter Kante auf Kante. Übertrage dann die Vorlagen. Nun noch ausschneiden, aufklappen – und die nächsten Faltschnitte sind fertig!

Vorlagen

Apfel

Käfer

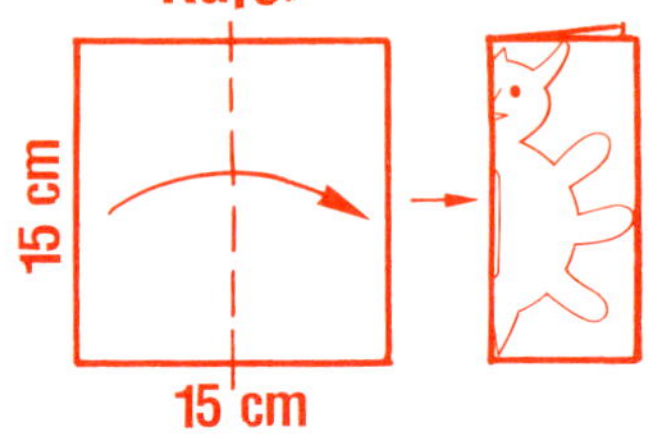

Schmetterling

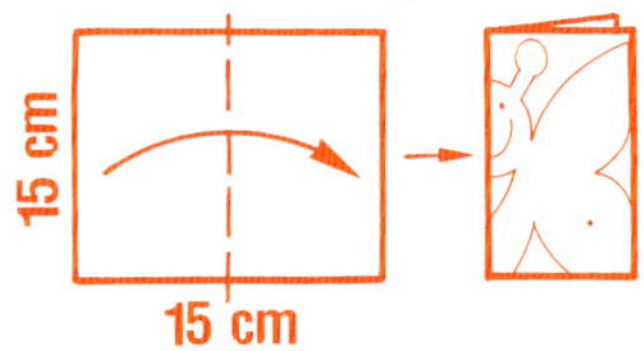

Apfel + Blume

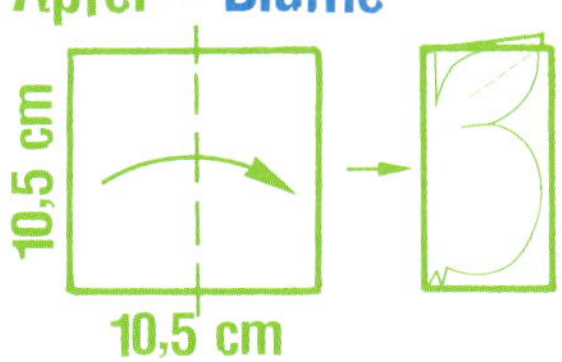

Blume

Wurm

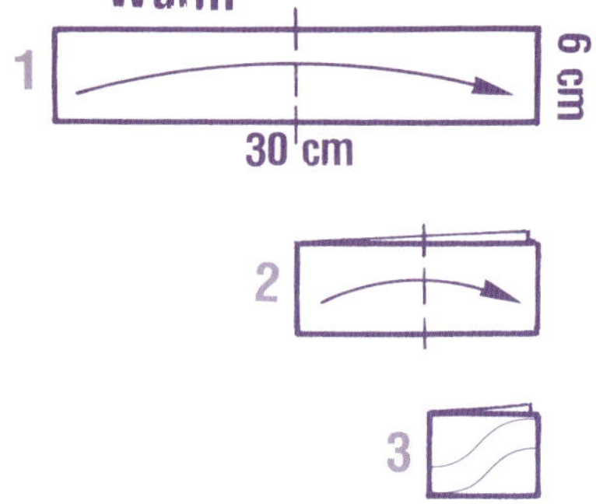

Käfer

15 cm

7,5 cm

Schmetterling

10,5 cm

7,5 cm

Wurm

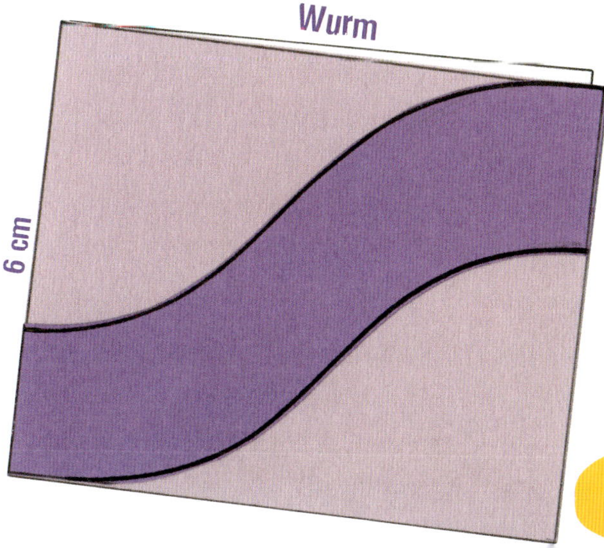

6 cm

Geburtstag & Spiele ...

Geburtstag

Heute feiern wir Geburtstag – und das soll richtig schön werden. Wir beginnen mit der Tischgirlande. Hierfür verwendest du am besten dünnes Buntpapier oder Farbverlaufspapier.

Und so geht's:

1 Schneide längs aus einem A4-Bogen einen 7 cm breiten Streifen.

2–4 Falte den Streifen dreimal der Länge nach.

5/6 Wenn du den Streifen wieder öffnest, erkennst du acht gleich große Abschnitte.

7 Falte den Streifen wie eine Ziehharmonika: abwechselnd nach vorn und nach hinten.

8 Drücke den Streifen fest zusammen.

9–10 Übertrage die Bärchenvorlage auf den gefalteten Streifen. Schneide nun das Bärchen vorsichtig aus. Halte dabei den gefalteten Streifen fest zusammen, damit die einzelnen Papierlagen nicht verrutschen ...

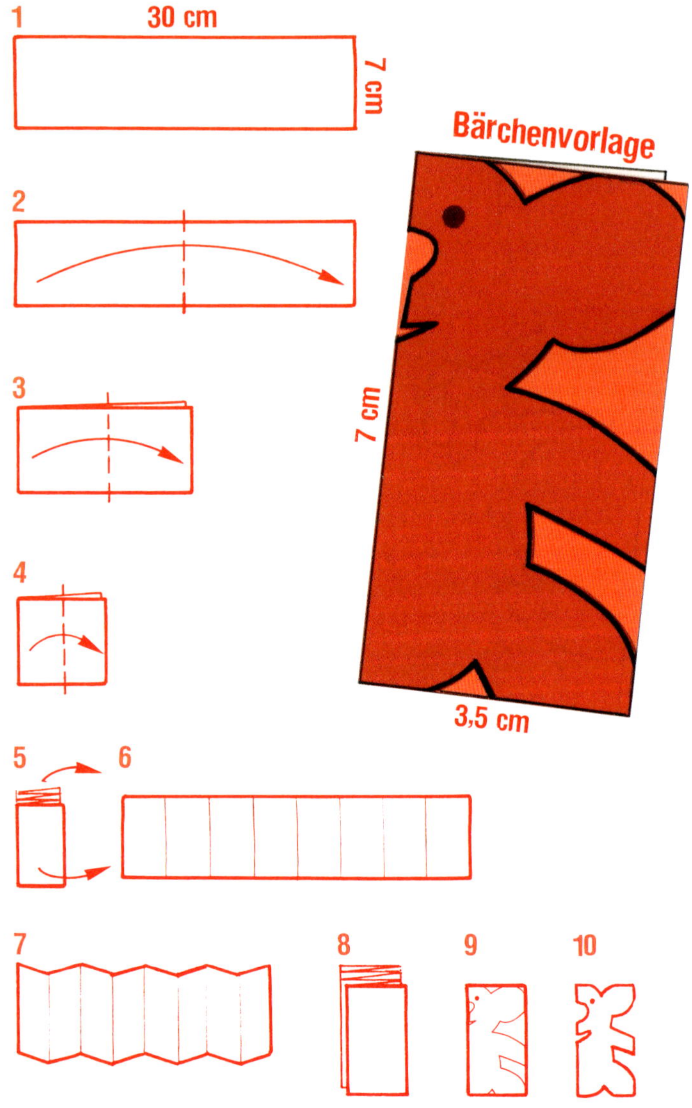

Tischgirlande

... Wenn du die Ziehharmonika auseinander faltest, hast du eine hübsche Bärchengirlande.

Tischlicht

Für das Tischlicht benötigst du zusätzlich farbiges Transparentpapier. Schneide daraus einen Streifen, der so lang und so breit ist wie die Tischgirlande. Klebe die Girlande auf das Transparentpapier. Jetzt brauchst du nur noch die Enden des Streifens zusammenzukleben – und fertig ist dein Tischlicht!

Geschenkanhänger

Für den Geschenkanhänger brauchst du ein quadratisches Blatt mit 7 cm Seitenlänge. Falte das Blatt mit dem einfachen Faltschnitt Kante auf Kante und übertrage darauf die Bärchenvorlage. Die Pfoten rundest du diesmal ab. Das ausgeschnittene Bärchen kannst du mit einem Bändchen an deinem Geschenk befestigen. Benötigst du mehrere Geschenkanhänger, teilst du einfach eine Bärchengirlande.

Spiele
Schnell ins Mauseloch! – ein Würfelspaß

Für dieses lustige Katz-und-Maus-Spiel brauchen wir als Setzfiguren eine Katze und eine Maus. Schneide dazu zwei Rechtecke in den angegebenen Maßen aus.

Falte die Kanten aufeinander. Jetzt kannst du die Vorlagen für Katze und Maus auf die gefalteten Blätter übertragen und ausschneiden.

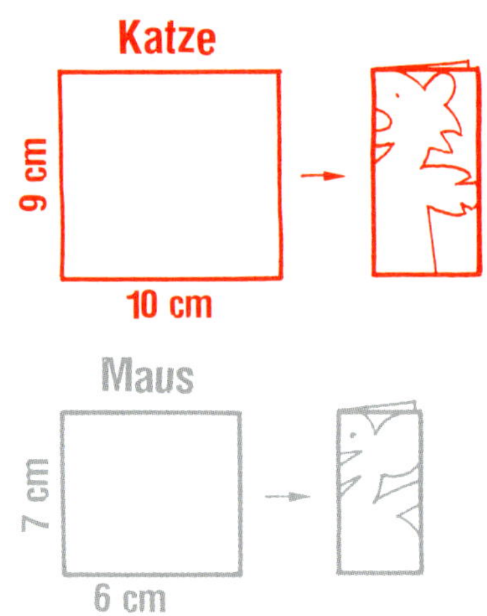

Vorlagen

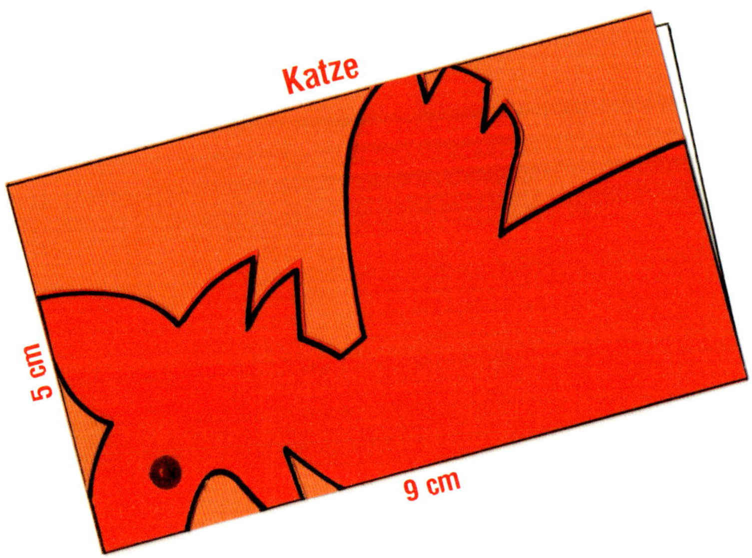

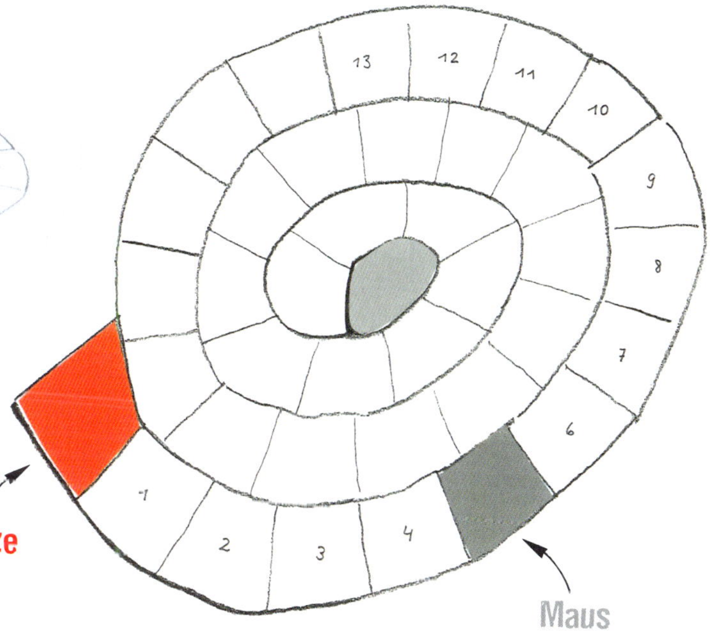

Nun brauchst du noch ein Spielfeld aus Pappe oder Karton. Es sollte nicht zu klein sein – mindestens 40 x 40 cm. Auf die Spielfläche zeichnest du dann eine Schnecke (Spirale). Die Schnecke unterteilst du mit Strichen in Spielfelder, so wie auf der Abbildung.

Und so wird gespielt:
Wer ist schneller? Ist die Maus im Loch, bevor die Katze sie auf ihrem Feld schnappen kann? Die kleine Maus bekommt fünf Felder Vorsprung. Gewürfelt wird abwechselnd. Die Katze beginnt. Sie kann die gewürfelten Felder vor- und später aber auch zurücksetzen. Dann ist die Maus dran. Kann sie entwischen und ins Mauseloch flüchten?

Heute bin ich du! – Fratzen schneiden

1 Hast du schon mal mit Bärchen Bommels Ohren gewackelt, durch die Brille deiner Freundin Lara geguckt oder Omas Dutt getragen? Nein? Dann lass uns Fratzen schneiden! Für alle Fratzen brauchst du 15 cm x 21 cm große Blätter. Die erhältst du, wenn du A4-Blätter teilst.

2 Für Lara und Bommel faltest du die kurzen Kanten aufeinander. Für Oma und Opa faltest du die langen Kanten aufeinander. Übertrage dann die Vorlagen (nächste Seite) auf deine gefalteten Blätter. Nun noch ausschneiden – und fertig!

Lustiges Fratzen raten

Versucht euch gegenseitig auszuschneiden. Im Anschluss kann geraten werden, welcher Scherenschnitt am ähnlichsten oder am lustigsten geworden ist.

1 A4-Blatt

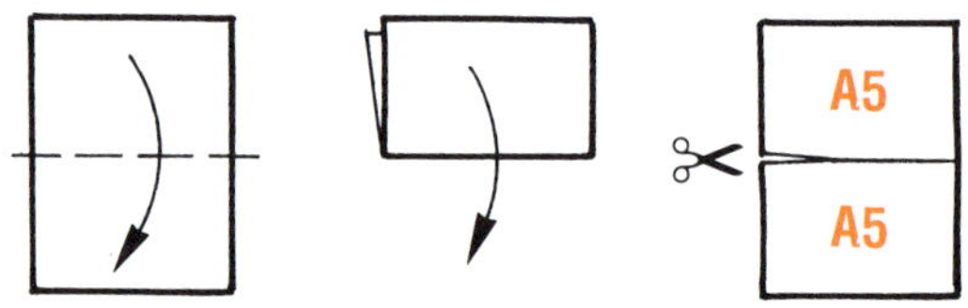

2 Für Lara und Bommel

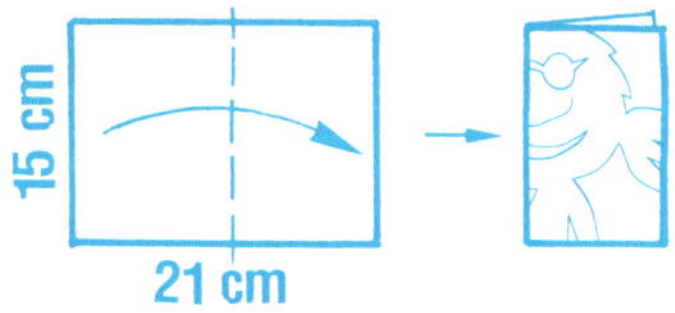

Für Oma und Opa

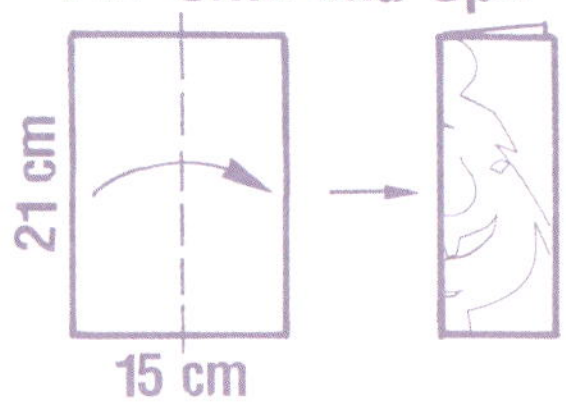

Bommel

Vorlagen

Bommel

Faltkante

Lara

Faltkante

Oma
Faltkante
Opa
Faltkante

Zirkusarena

Manege frei!

Heute gehen wir in den Zirkus! Wir treffen Karlos den Clown, Tricki den Zauberhasen und wir treten selbst in die Manege.

Vorlagen

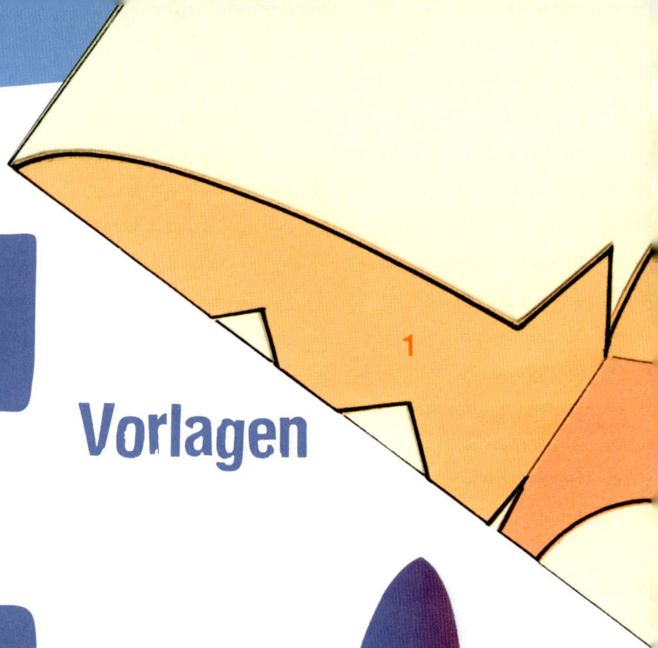

Karlos der Clown

Für das Fensterbild von Karlos dem Clown brauchst du etwas festeres Tonpapier oder gummiertes Buntpapier in unterschiedlichen Farben. Nach Wunsch benötigst du rotes Transparentpapier oder rote Fensterfolie.

Und so geht's:

1 Falte ein farbiges A4-Blatt, wie abgebildet, Kante auf Kante.

2 Übertrage die abgebildete Clown-Vorlage auf dein gefaltetes Papier und schneide sie vorsichtig aus.

Nun brauchst du Karlos den Clown nur noch auffalten und bunt bekleben. Schneide dazu die einzelnen Teile aus unterschiedlich farbigem Papier aus: Hut (1), Haare (2), Jacke (3), Schlips (4), Hose (5), Schuhe (6) und Ball (7). Als Vorlage nimmst du wieder den abgebildeten Clown. Anschließend klebst du alle Teile auf den bereits ausgeschnittenen Clown – und fertig.

Wenn du rotes Transparentpapier oder Fensterfolie hinter einzelne Teile klebst, wirkt dein Fensterbild besonders schön. Wenn die Sonne scheint, fängt Karlos Nase zum Beispiel lustig an zu leuchten.

Das fertige Fensterbild kannst du mit einem Bändchen vors Fenster hängen oder mit Klebeband direkt an die Scheibe heften.

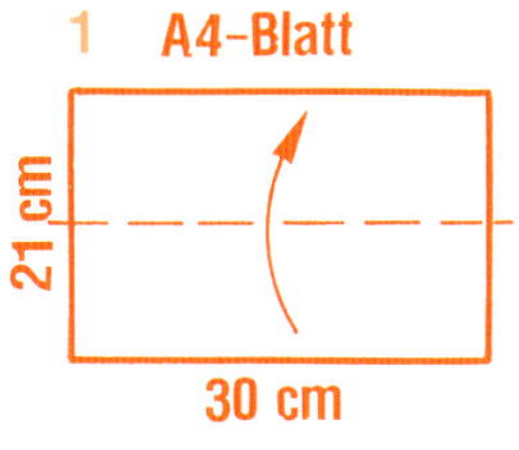

Tricki der Zauberhase

Karlos der Clown sieht nicht nur lustig aus, er zeigt euch auch einen tollen Trick. Wie kommt der Ring durchs Trickis Ohr? Finde es heraus!

Und so geht's:

1–3 Schneide dir ein Quadrat aus nicht zu dünnem Papier oder Tonpapier und falte es Kante auf Kante. Zeichne mit oder ohne Zirkel einen 3 cm breiten Halbkreis mit einem Außenradius von etwa 7 cm (s. Abb. 2). Hierbei hilft dir sicher auch ein Erwachsener. Schneide den Ring aus und falte ihn auseinander.

1–4 Nimm ein zweites Baltt und schneide den abgebildeten kleinen Rahmen im einfachen Faltschnitt aus.

1–3 Falte ein Blatt aus nicht zu dünnem Tonpapier in den angegebenen Maßen zweimal. Übertrage den Hasen auf dein gefaltetes Blatt und schneide ihn aus. Halte dabei das gefaltete Blatt fest zusammen, sodass es beim Schneiden nicht verrutscht.

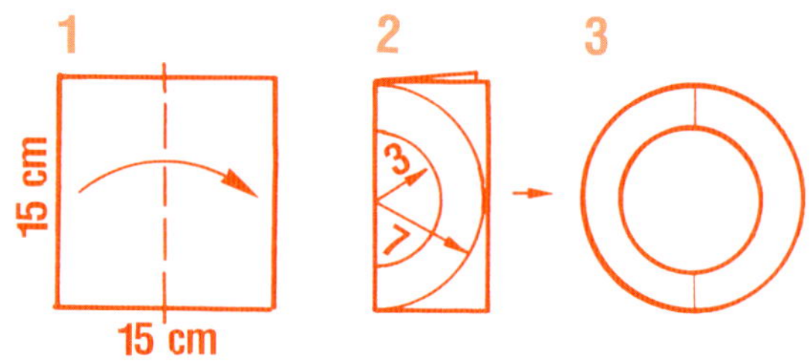

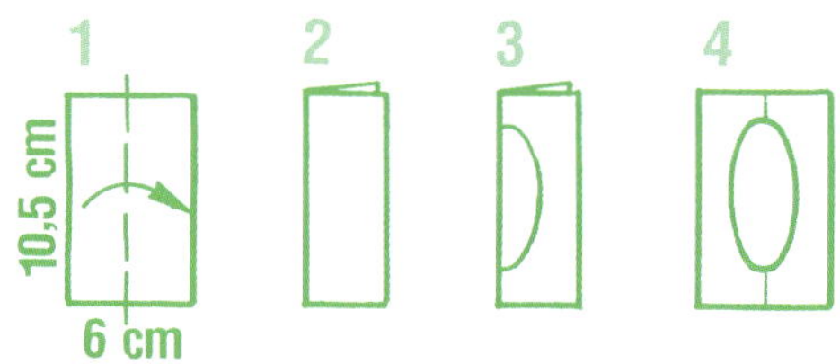

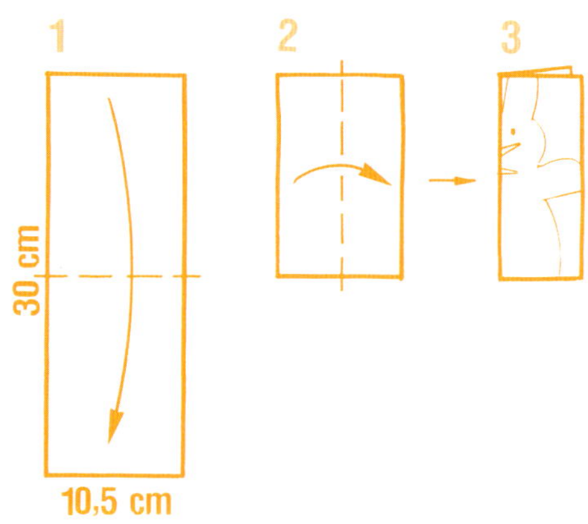

Vorlagen

Um den Ring durch die Hasenohren zu bekommen, gehst du wie abgebildet vor:

Wir steigen durch ein Blatt Papier

Hast du Lust auf einen kleinen Auftritt? Na dann, komm mit!

Und so geht's:

1–4 Falte ein nicht zu dünnes A4-Blatt wie abgebildet vor. Am Ende hast du einen schmalen Streifen.

5/6 Öffne das Blatt und falte die beiden schmalen Kanten aufeinander.

7/8 Schneide das Papier abwechselnd von beiden Seiten ein. Beginne an der Faltkante und lass jeweils 2 cm Rand stehen. Öffne nun das Blatt wieder.

9/10 Schneide das Blatt an der mittleren Faltkante so auf, dass rechts und links ein Streifen stehen bleibt. Wenn du das Blatt jetzt vorsichtig auseinander ziehst, kannst du hindurch steigen. Pass auf, dass es dabei nicht zerreißt!

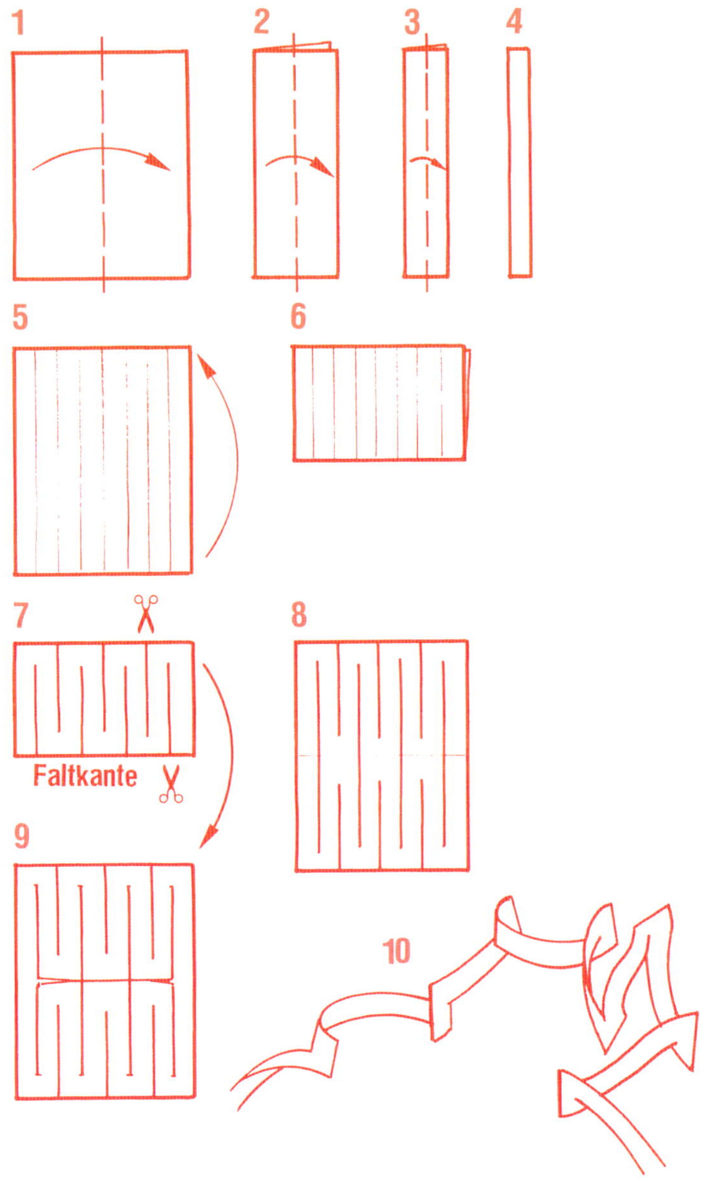

Hübsche Deko

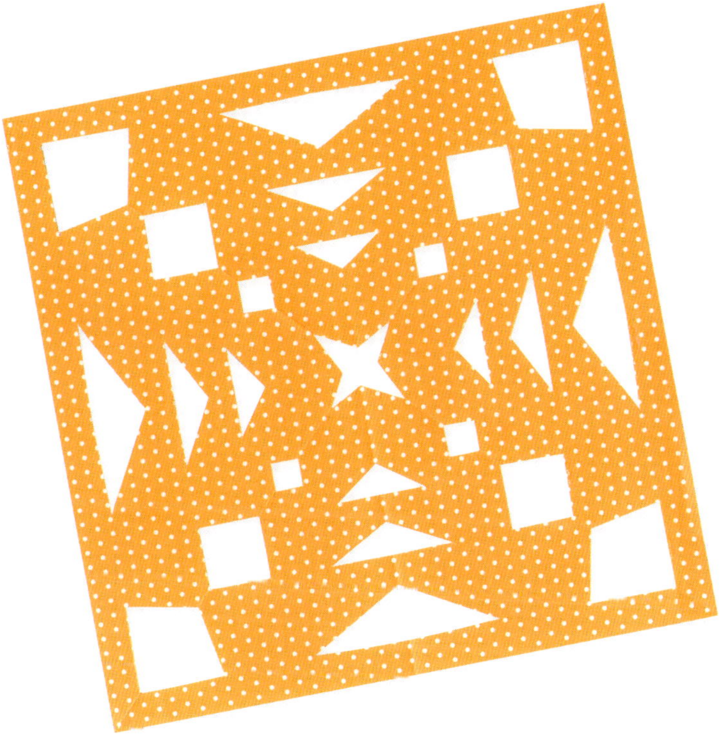

Tischfächer

Hast du Lust, eine hübsche Dekoration für dein Zimmer zu falten?
Für den Fächer verwendest du am besten möglichst dünnes Papier. Ist das Papier zu dick, lässt sich der zusammengefaltete Streifen nicht mehr gut schneiden.

Und so geht's:

1–3 Falte ein rechteckiges A4-Blatt Kante auf Kante. Falte noch einmal Kante auf Kante und öffne das Blatt wieder.

4/5 Unterteile das Blatt längs in 10 gleich breite Abschnitte. Falte das Blatt an deinen Markierungen wie eine Ziehharmonika: abwechselnd nach vorn und nach hinten.

6–10 Drücke das Teil anschließend fest zusammen. Nun kannst du eine der Vorlagen (nächste Seite) übertragen: erst auf die eine und dann spiegelverkehrt auf die andere Hälfte des Streifens. Schneide dann das Motiv aus. Nun noch einmal falten – und fertig!

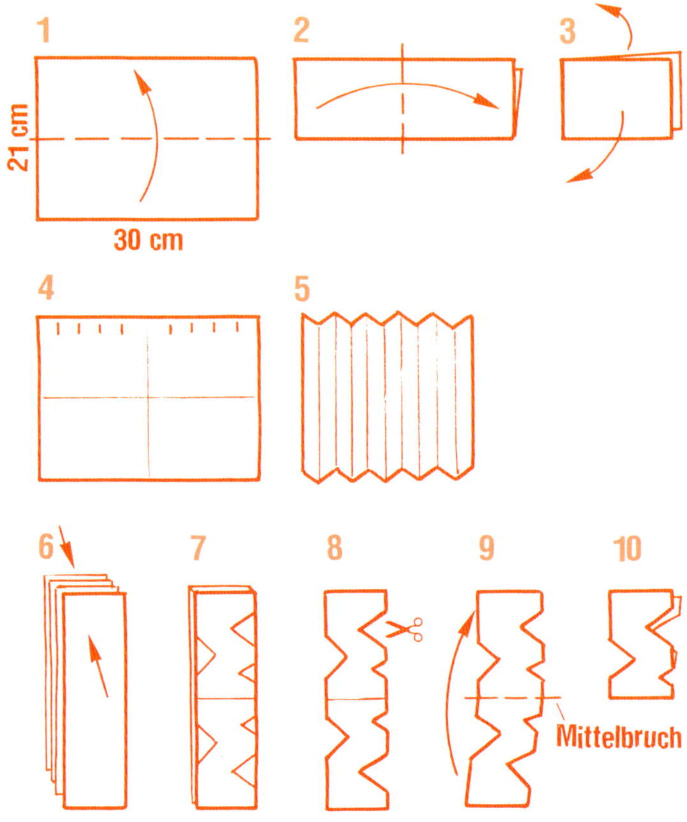

Jetzt kannst du den Fächer aufziehen und als Tischschmuck verwenden …

… oder auf einen Pappstreifen kleben.

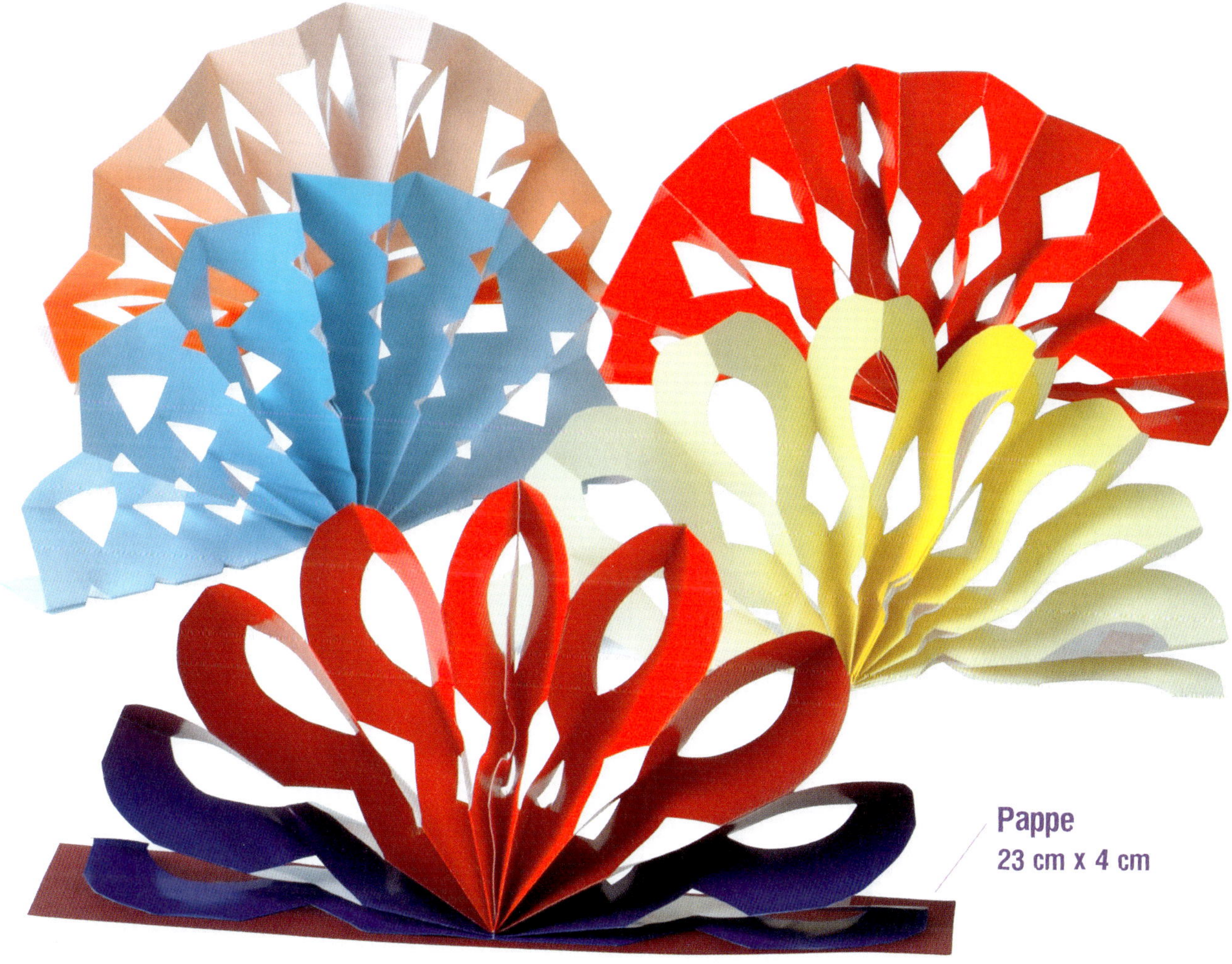
Pappe
23 cm x 4 cm

Vorlagen

Übertrage das Muster erst auf die eine und dann spiegelverkehrt auf die andere Hälfte des Streifens.

Musterdeckchen

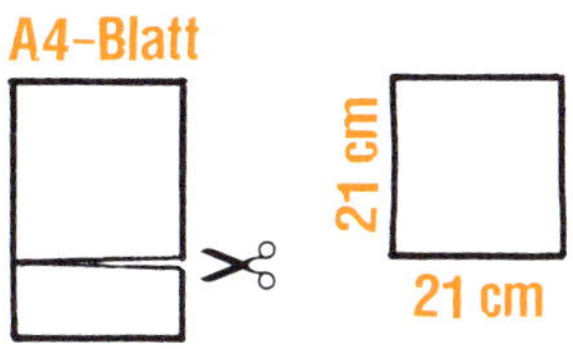

A

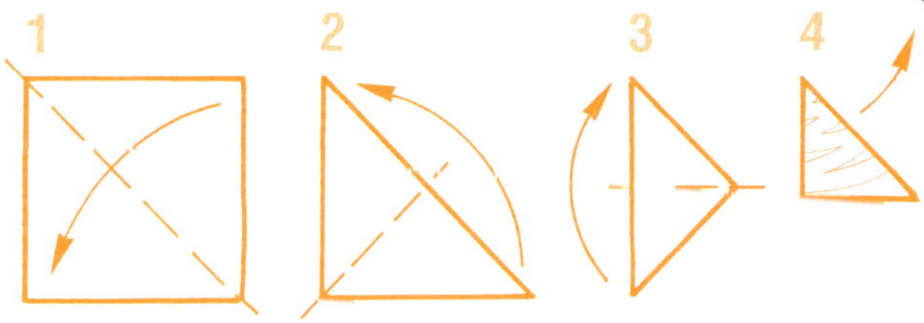

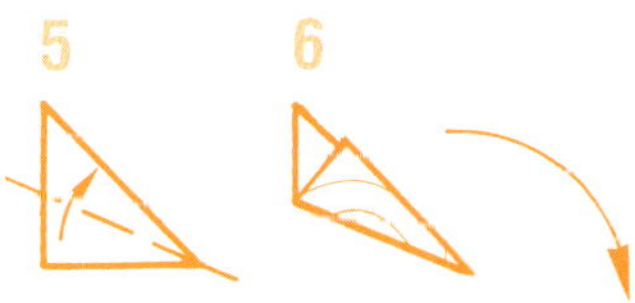

C

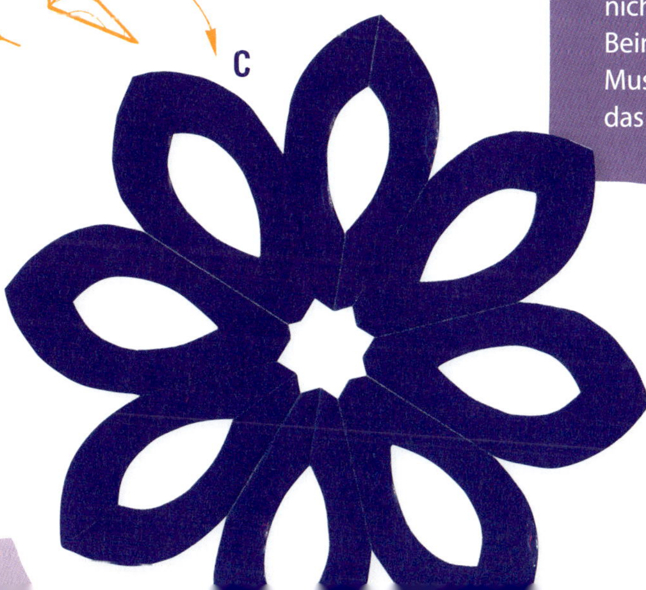

Für die Musterdeckchen benötigst du ein quadratisches Blatt von etwa 21 cm Seitenlänge. Dieses Quadrat kannst du aus einem A4-Blatt ausschneiden. Dünnes Buntpapier oder farbiges Transparentpapier machen sich besonders schön.

1–4 Für die Deckchen A und B faltest du dein Blatt dreimal.

5/6 Für Deckchen C faltest du ein weiteres mal, also viermal.

Übertrage das gewünschte Muster auf dein mehrfach gefaltetes Blatt. Danach schneidest du es vorsichtig aus. Halte das Faltteil dabei fest zusammen, damit die einzelnen Lagen nicht verrutschen.
Beim Auffalten wirst du sehen, dass sich die Muster mehrfach wiederholen. Wie schön das aussieht!

Vorlagen

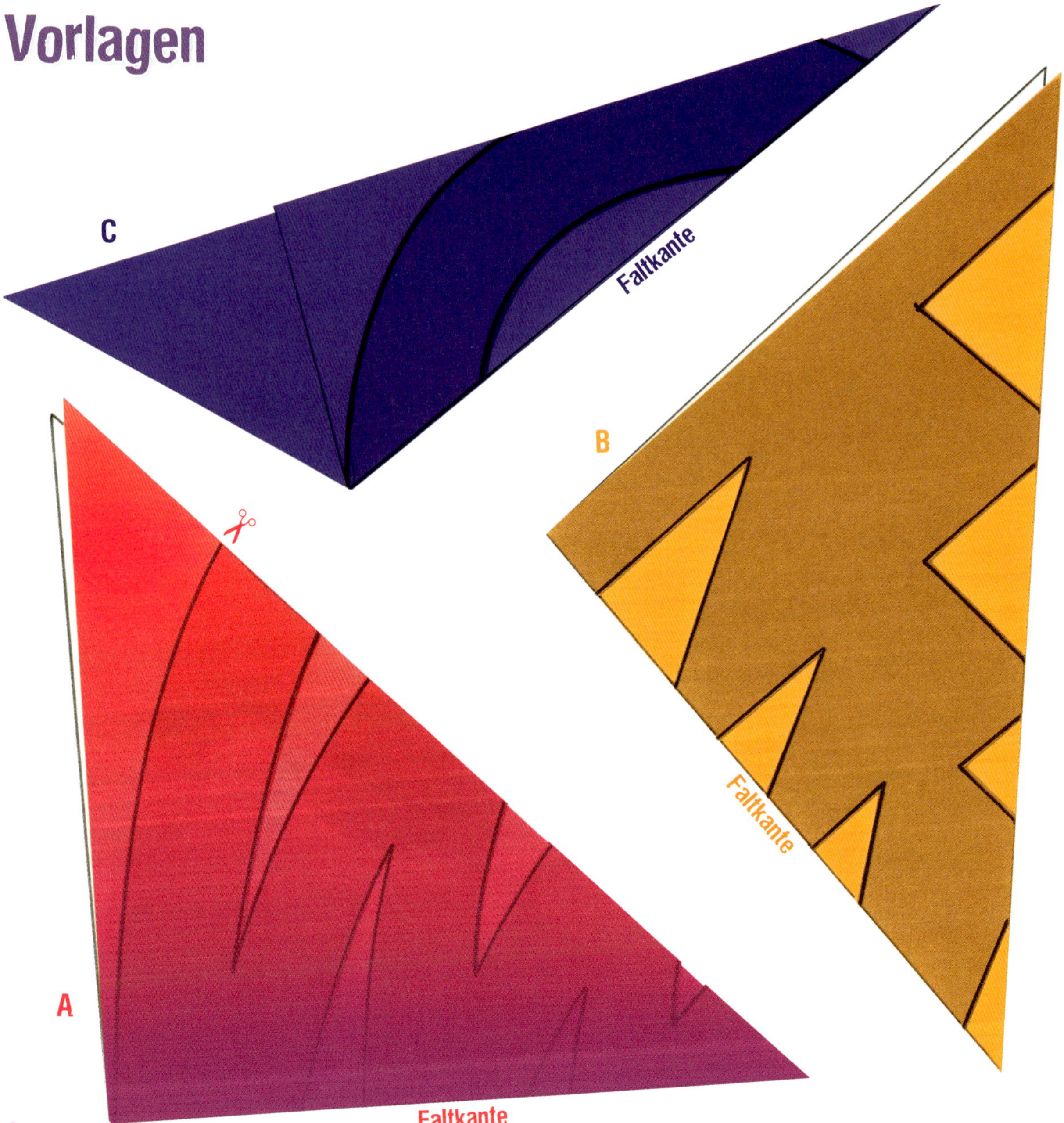

C

A

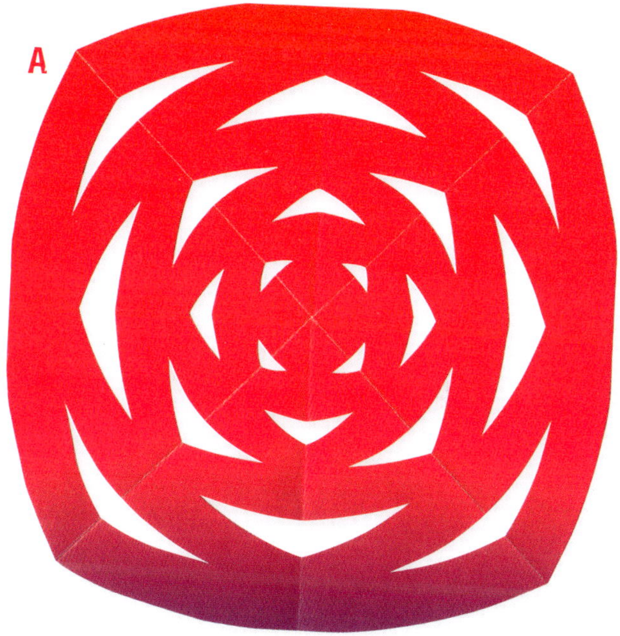

B

Häuschen

Für die Häuserreihe eignet sich dünnes Buntpapier, zum Hinterkleben nimmst du am besten farbiges Transparentpapier.

Und so geht's:

1 Schneide (aus einem A4-Blatt) einen etwa 7 cm breiten Streifen.

2/3 Falte den Streifen im Abstand von 3 cm wie eine Ziehharmonika: abwechselnd nach vorn und nach hinten. Drücke dann das gefaltete Teil fest zusammen.

4 Übertrage die abgebildete Vorlage des Häuschens auf den Ziehharmonika-Streifen und schneide es aus. Halte dabei den gefalteten Streifen fest zusammen, damit die einzelnen Lagen nicht verrutschen.

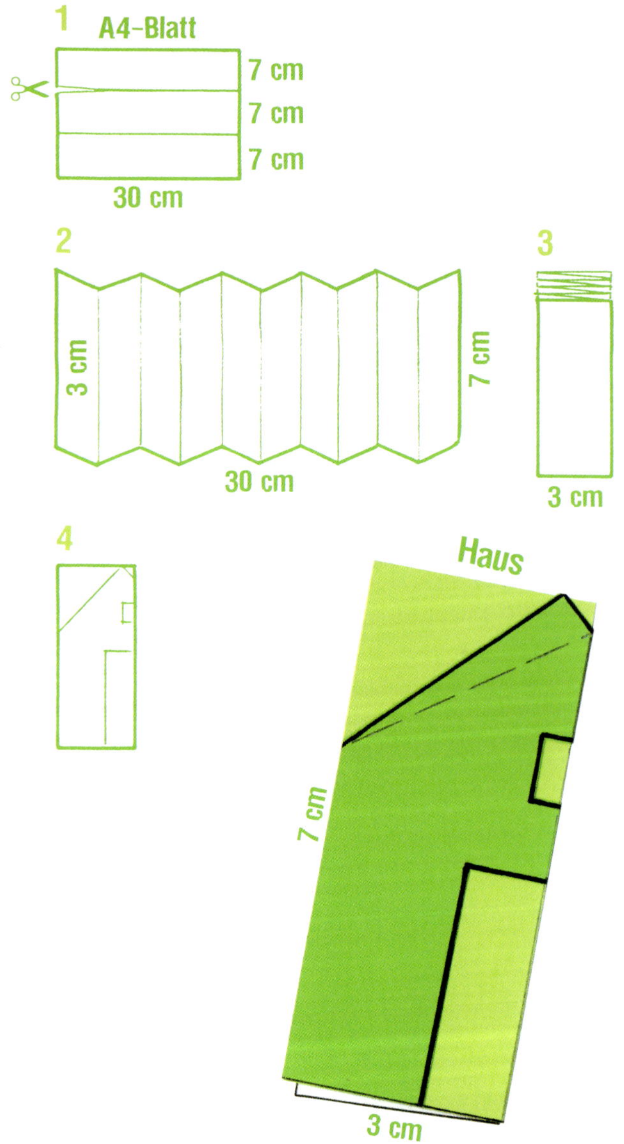

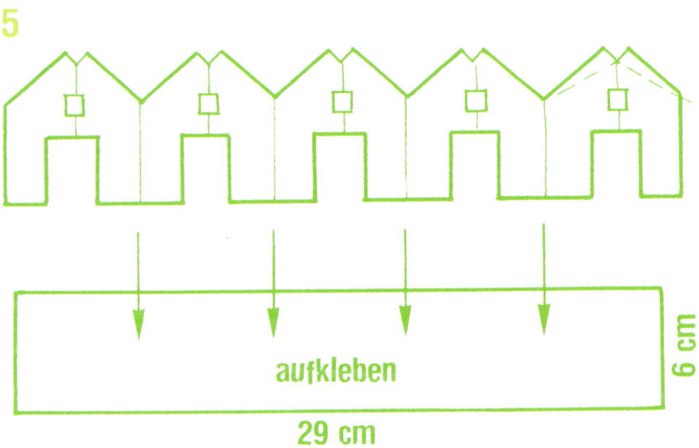

5 Falte den Streifen auseinander. Nun kannst du die Häuserzeile auf Transparentpapier kleben.

Schneide dazu aus farbigem Transparentpapier einen 6 cm breiten Streifen. Klebe den Streifen mit einem Klebestift auf die Rückseite des Streifens. Das überstehende Transparentpapier schneidest du ab. Die Dächer kannst du noch etwas nach vorn falten – fertig!

Teelicht

Aus der Häuserreihe kannst du ein weihnachtliches Tischlicht basteln. So wie beim Bärchen-Tischlicht auf Seite 19.

Häuserreihe

Weihnachtsmänner

Mit diesem einfachen Faltschnitt kannst du einen tollen Weihnachtsmann basteln.

Und so geht's:

1 Falte ein 13 x 16 cm großes Blatt Papier Kante auf Kante.

2 Übertrage die Vorlage vom Weihnachtsmann auf dein gefaltetes Blatt und schneide sie vorsichtig aus. Dann faltest du das Papier wieder auseinander – fertig!

Den Weihnachtsmann kannst du aufstellen oder mit einem Bändchen an einem Geschenk befestigen.

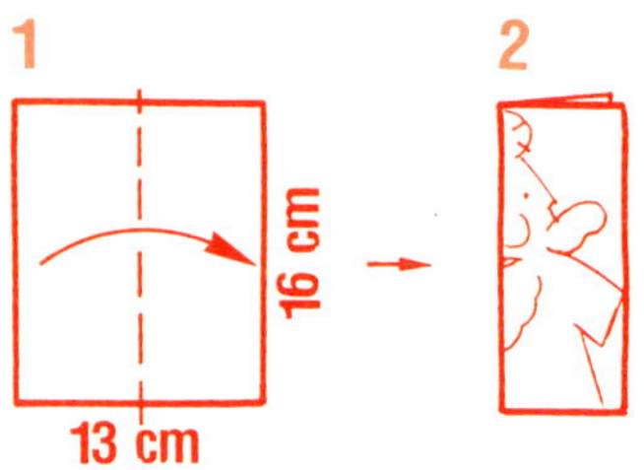

Impressum

Konzept, Text und Anleitung:
Hajo Blank, www.hajoblank.de
Redaktion und Lektorat: Franziska Schlesinger
Fotos: Fotostudio Annette Hempfling
Satz & Gesamtgestaltung: GrafikwerkFreiburg
Reproduktion: Meyle + Müller GmbH & Co KG, Pforzheim
Druck & Verarbeitung: Gruppo Editoriale Zanardi SRL, Italy

ISBN 978-3-8388-3512-9
Art-Nr. CV3512

Wir bedanken uns bei den Firmen Rayher Hobby GmbH und Heyda, Baier & Schneider GmbH & Co. KG für die Bereitstellung der Papiere.

Autor und Verlag haben alle Angaben und Anleitungen mit größtmöglicher Sorgfalt zusammengestellt. Dennoch kann bei Fehlern keinerlei Haftung für direkte oder indirekte Folgen übernommen werden. Der Verlag übernimmt keine Gewähr und keine Haftung für die Verfügbarkeit der gezeigten Materialien.

Kreativ-Service

Sie haben Fragen zu den Büchern und Materialien? Frau Erika Noll ist für Sie da und berät Sie rund um alle Kreativthemen. Rufen Sie an! Wir interessieren uns auch für Ihre eigenen Ideen und Anregungen. Sie erreichen Frau Noll per E-Mail: **mail@kreativ-service.info** oder Tel.: **+49 (0) 5052 / 91 18 58** Montag – Donnerstag: 9 – 17 Uhr / Freitag: 9 – 13 Uhr

Besuchen Sie uns im Internet: www.christophorus-verlag.de